L'ÉTAT.

—

MAUDIT ARGENT.

Imprimerie de Hennoyer et Co, rue Lemercier, 24.
Batignolles.

L'ÉTAT

—

MAUDIT ARGENT

PAR

M. FRÉDÉRIC BASTIAT,

Représentant du peuple,

MEMBRE CORRESPONDANT DE L'INSTITUT,

ET DU CONSEIL GÉNÉRAL DES LANDES.

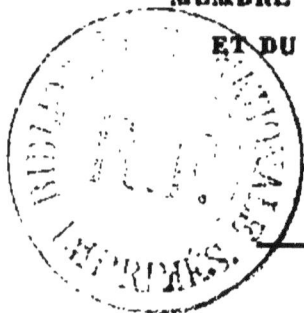

PARIS

GUILLAUMIN ET Cᵉ, LIBRAIRES-ÉDITEURS

du Journal des Économistes, de la Collect. des princip. économistes, etc.,

14, RUE RICHELIEU.

—

1849

L'ÉTAT.

———

Je voudrais qu'on fondât un prix, non de cinq cents francs, mais d'un million, avec couronnes, croix et rubans, en faveur de celui qui donnerait une bonne, simple et intelligible définition de ce mot : l'ÉTAT.

Quel immense service ne rendrait-il pas à la société !

L'ÉTAT ! Qu'est-ce? où est-il? que fait-il? que devrait-il faire?

Tout ce que nous en savons, c'est que c'est un personnage mystérieux, et assurément le plus sollicité, le plus tourmenté, le plus affairé, le plus conseillé, le plus accusé, le plus invoqué et le plus provoqué qu'il y ait au monde.

Car, Monsieur, je n'ai pas l'honneur de vous connaître, mais je gage dix contre un que depuis six mois vous faites des utopies, et, si vous en faites, je gage dix contre un que vous chargez l'ÉTAT de les réaliser.

Et vous, Madame, je suis sûr que vous désirez du fond du cœur guérir tous les maux de la triste humanité, et que vous n'y seriez nullement embarrassée, si l'ÉTAT voulait seulement s'y prêter.

Mais, hélas! le malheureux, comme Figaro, ne sait ni qui entendre, ni de quel côté se tourner. Les cent mille bouches de la presse et de la tribune lui crient à la fois :

« Organisez le travail et les travailleurs.

Extirpez l'égoïsme.

Réprimez l'insolence et la tyrannie du capital.

Faites des expériences sur le fumier et sur les œufs.

Sillonnez le pays de chemins de fer.

Irriguez les plaines.

Boisez les montagnes.

Fondez des fermes-modèles.

Fondez des ateliers harmoniques.

Colonisez l'Algérie.

Allaitez les enfants.

Instruisez la jeunesse.

Secourez la vieillesse.

Envoyez dans les campagnes les habitants de villes.

Pondérez les profits de toutes les industries.

Prêtez de l'argent, et sans intérêt, à ceux qui en désirent.

Affranchissez l'Italie, la Pologne et la Hongrie.

Élevez et perfectionnez le cheval de selle.

Encouragez l'art, formez-nous des musiciens et des danseuses.

Prohibez le commerce et, du même coup, créez une marine marchande.

Découvrez la vérité et jetez dans nos têtes un grain de raison. L'État a pour mission d'éclairer, de développer, d'agrandir, de fortifier, de spiritualiser et de sanctifier l'âme des peuples. »

— « Eh ! Messieurs, un peu de patience, répond l'ÉTAT, d'un air piteux.

« J'essayerai de vous satisfaire, mais pour cela il me faut quelques ressources. J'ai préparé des projets concernant cinq ou six impôts tout nouveaux et les plus bénins du monde. Vous verrez quel plaisir on a à les payer. »

Mais alors un grand cri s'élève : « Haro ! haro ! le beau mérite de faire quelque chose avec des ressources ! Il ne vaudrait pas la peine de s'appeler l'ÉTAT. Loin de nous frapper de nouvelles taxes, nous vous sommons de retirer les anciennes. Supprimez :

L'impôt du sel.

L'impôt des boissons ;

L'impôt des lettres ;

L'octroi ;

Les patentes ;

Les prestations. »

Au milieu de ce tumulte, et après que le pays a

changé deux ou trois fois son ÉTAT pour n'avoir pas satisfait à toutes ces demandes, j'ai voulu faire observer qu'elles étaient contradictoires. De quoi me suis-je avisé, bon Dieu! ne pouvais-je garder pour moi cette malencontreuse remarque?

Me voilà discrédité à tout jamais; et il est maintenant reçu que je suis un homme *sans cœur et sans entrailles*, un philosophe sec, un individualiste, un bourgeois, et, pour tout dire en un mot, un économiste de l'école anglaise ou américaine.

Oh! pardonnez-moi, écrivains sublimes, que rien n'arrête, pas même les contradictions. J'ai tort, sans doute, et je me rétracte de grand cœur. Je ne demande pas mieux, soyez-en sûrs, que vous ayez vraiment découvert, en dehors de nous, un être bienfaisant et inépuisable, s'appelant l'État, qui ait du pain pour toutes les bouches, du travail pour tous les bras, des capitaux pour toutes les entreprises, du crédit pour tous les projets, de l'huile pour toutes les plaies, du baume pour toutes les souffrances, des conseils pour toutes les perplexités, des solutions pour tous les doutes, des vérités pour toutes les intelligences, des distractions pour tous les ennuis, du lait pour l'enfance et du vin pour la vieillesse, qui pourvoie à tous nos besoins, prévienne tous nos désirs, satisfasse toutes nos curiosités, redresse toutes nos erreurs, répare toutes nos fautes, et nous dispense tous désormais de prévoyance, de prudence, de

jugement, de sagacité, d'expérience, d'ordre, d'économie, de tempérance et d'activité.

Eh! pourquoi ne le désirerais-je pas? Dieu me
pardonne, plus j'y réfléchis, plus je trouve que la
chose est commode, et il me tarde d'avoir, moi aussi,
à ma portée, cette source intarissable de richesses et
de lumières, ce médecin universel, ce trésor sans
fond, ce conseiller infaillible que vous nommez l'État.

Aussi je demande qu'on me le montre, qu'on me
le définisse, et c'est pourquoi je propose la fondation
d'un prix pour le premier qui découvrira ce phénix.
Car enfin, on m'accordera bien que cette découverte
précieuse n'a pas encore été faite, puisque, jusqu'ici,
tout ce qui se présente sous le nom d'État, le peuple
le renverse aussitôt, précisément parce qu'il ne rem-
plit pas les conditions quelque peu contradictoires
du programme.

Faut-il le dire? je crains que nous ne soyons, à
cet égard, dupes d'une des plus bizarres illusions
qui se soient jamais emparées de l'esprit humain.

L'homme répugne à la Peine, à la Souffrance. Et
cependant il est condamné par la nature à la Souffrance de la Privation, s'il ne prend pas la Peine du
Travail. Il n'a donc que le choix entre ces deux
maux. Comment faire pour les éviter tous deux? Il
n'a jusqu'ici trouvé et ne trouvera jamais qu'un
moyen : c'est de *jouir du travail d'autrui*; c'est de
faire en sorte que la Peine et la Satisfaction n'in-

combent pas á chacun selon la proportion naturelle, mais que toute la peine soit pour les uns et toutes les satisfactions pour les autres. De là l'esclavage, de là encore la spoliation, quelque forme qu'elle prenne: guerres, impostures, violences, restrictions, fraudes, etc., abus monstrueux, mais conséquents avec la pensée qui leur a donné naissance. On doit haïr et combattre les oppresseurs, on ne peut pas dire qu'ils soient absurdes.

L'esclavage s'en va, grâce au Ciel, et, d'un autre côté, cette disposition où nous sommes à défendre notre bien, fait que la Spoliation directe et naïve n'est pas facile. Une chose cependant est restée. C'est ce malheureux penchant primitif que portent en eux tous les hommes à faire deux parts du lot complexe de la vie, rejetant la Peine sur autrui et gardant la Satisfaction pour eux-mêmes. Reste à voir sous quelle forme nouvelle se manifeste cette triste tendance.

L'oppresseur n'agit plus directement par ses propres forces sur l'opprimé. Non, notre conscience est devenue trop méticuleuse pour cela. Il y a bien encore le tyran et la victime, mais entre eux se place un intermédiaire qui est l'État, c'est-à-dire la loi elle-même. Quoi de plus propre à faire taire nos scrupules et, ce qui est peut-être plus apprécié, à vaincre les résistances? Donc, tous, à un titre quelconque, sous un prétexte ou sous un autre, nous nous adressons à l'État. Nous lui disons : « Je ne trouve pas qu'il y ait entre mes jouissances et mon travail une proportion qui me satisfasse. Je voudrais bien, pour établir l'équilibre désiré, prendre quelque peu sur le bien d'autrui. Mais c'est dangereux. Ne pourriez-vous me faciliter la chose? ne pourriez-vous me donner une bonne place? ou bien gêner l'industrie de mes concurrents? ou bien encore me prêter gratuitement des capitaux que vous aurez pris à leurs possesseurs? ou élever mes enfants aux frais du public? ou m'accorder des primes d'encouragement? ou m'assurer le bien-être quand j'aurai cinquante ans? Par ce moyen j'arriverai à mon but en toute quiétude de conscience, car la loi elle-même aura agi pour moi et j'aurai tous les avantages de la spoliation sans en avoir ni les risques ni l'odieux !

Comme il est certain d'un côté que nous adressons tous à l'État quelque requête semblable, et que, d'une autre part, il est avéré que l'État ne peut procurer satisfaction aux uns sans ajouter au travail des autres, en attendant une autre définition de l'État, je me crois autorisé à donner ici la mienne. Qui sait si elle ne remportera pas le prix? La voici :

L'État, *c'est la grande fiction à travers laquelle* TOUT LE MONDE *s'efforce de vivre aux dépens de* TOUT LE MONDE.

Car aujourd'hui, comme autrefois, chacun, un peu plus, un peu moins, voudrait bien profiter du travail d'autrui. Ce sentiment, on n'ose l'afficher, on se le dissimule à soi-même ; et alors que fait-on ? On imagine un intermédiaire, on s'adresse à l'ÉTAT, et chaque classe tour à tour vient lui dire : « Vous qui pouvez prendre loyalement, honnêtement, prenez au public, et nous partagerons. » Hélas ! l'État n'a que trop de pente à suivre le diabolique conseil ; car il est composé de ministres, de fonctionnaires, d'hommes enfin, qui, comme tous les hommes, portent au cœur le désir et saisissent toujours avec empressement l'occasion de voir grandir leurs richesses et leur influence. L'État comprend donc bien vite le parti qu'il peut tirer du rôle que le public lui confie. Il sera l'arbitre, le maître de toutes les destinées ; il prendra beaucoup, donc il lui restera beaucoup à lui-même ; il multipliera le nombre de ses agents, il élargira le cercle de ses attributions ; il finira par acquérir des proportions écrasantes.

Mais, ce qu'il faut bien remarquer, c'est l'étonnant aveuglement du public en tout ceci. Quand des soldats heureux réduisaient les vaincus en esclaves, ils étaient barbares, mais ils n'étaient pas absurdes. Leur but, comme le nôtre, était de vivre aux dépens d'autrui ; mais, comme nous, ils ne le manquaient pas. Que devons-nous penser d'un peuple où l'on ne paraît pas se douter que le *pillage réciproque* n'en est pas moins pillage parce qu'il est réciproque, qu'il n'en est pas moins criminel parce qu'il s'exécute légalement et avec ordre; qu'il n'ajoute rien au bien-être public; qu'il le diminue au contraire de tout ce que coûte cet intermédiaire dispendieux que nous nommons l'ÉTAT?

Et cette grande chimère, nous l'avons placée, pour l'édification du peuple, au frontispice de la Constitution. Voici les premiers mots du préambule :

« La France s'est constituée en République pour... appeler tous les citoyens à un degré toujours plus élevé de moralité, de lumière et de bien-être. »

Ainsi, c'est la France ou *l'abstraction* qui appelle les Français ou les *réalités* à la moralité, au bien-être, etc. N'est-ce pas abonder dans le sens de cette bizarre illusion qui nous porte à tout attendre d'une autre énergie que la nôtre? N'est-ce pas donner à entendre qu'il y a à côté et en dehors des Français un être vertueux, éclairé, riche, qui peut et doit verser sur eux ses bienfaits? N'est-ce pas supposer, et certes bien gratuitement, qu'il y a entre la France et les Français, entre la simple dénomination abrégée, abstraite, de toutes les individualités et ces individualités mêmes, des rapports de père à fils, de tuteur à pupille, de professeur à écolier? Je sais bien qu'on dit quelquefois métaphoriquement : la patrie est une mère tendre. Mais pour prendre en flagrant délit d'inanité la proposition constitutionnelle, il suffit de montrer qu'elle peut être retournée, je ne dirai pas sans inconvénient, mais même avec avantage. L'exactitude souffrirait-elle si le préambule avait dit :

« Les Français se sont constitués en République pour appeler la France à un degré toujours plus élevé de moralité, de lumière et de bien-être. »

Or, quelle est la valeur d'un axiome où le sujet et l'attribut peuvent chasser-croiser sans inconvénient? Tout le monde comprend qu'on dise : la mère allaitera l'enfant. Mais il serait ridicule de dire : l'enfant allaitera la mère.

Les Américains se faisaient une autre idée des relations des citoyens avec l'État, quand ils placèrent en tête de leur Constitution ces simples paroles :

« Nous, le peuple des États-Unis, pour former une union plus parfaite, établir la justice, assurer la tranquillité intérieure, pourvoir à la défense commune, accroître le bien-être général et assurer les bienfaits de la liberté à nous-mêmes et à notre postérité décrétons, etc. »

Ici point de création chimérique, point d'*abstraction* à laquelle les citoyens demandent tout. Ils n'attendent rien que d'eux-mêmes et de leur propre énergie.

Si je me suis permis de critiquer les premières paroles de notre Constitution, c'est qu'il ne s'agit

pas, comme on pourrait le croire, d'une pure subti-
lité métaphysique. Je prétends que cette *personni-
fication* de l'ÉTAT a été dans le passé et sera dans
l'avenir une source féconde de calamités et de révolutions.

Voilà le Public d'un côté, l'État de l'autre, con-
sidérés comme deux être distincts, celui-ci tenu d'é-
pandre sur celui-là, celui-là ayant droit de réclamer de celui-ci le torrent des félicités humaines.
Que doit-il arriver ?

Au fait, l'État n'est pas manchot et ne peut l'ê-
tre. Il a deux mains, l'une pour recevoir et l'autre
pour donner, autrement dit la main rude et la
main douce. L'activité de la seconde est nécessairement subordonnée à l'activité de la première. A
la rigueur, l'État peut prendre et ne pas rendre.
Cela s'est vu et s'explique par la nature poreuse et
absorbante de ses mains qui retiennent toujours
une partie et quelquefois la totalité de ce qu'elles
touchent. Mais ce qui ne s'est jamais vu, ce qui ne
se verra jamais, et ne se peut même concevoir,
c'est que l'État rende au public plus qu'il ne lui a
pris. C'est donc bien follement que nous prenons
autour de lui l'humble attitude de mendiants. Il lui
est radicalement impossible de conférer un avantage
particulier à quelques-unes des individualités qui
constituent la communauté, sans infliger un dommage supérieur à la communauté entière.

Il se trouve donc placé, par nos exigences, dans un cercle vicieux manifeste.

S'il refuse le bien qu'on exige de lui, il est accusé d'impuissance, de mauvais vouloir, d'incapacité. S'il essaye de le réaliser, il est réduit à frapper le peuple de taxes redoublées, à faire plus de mal que de bien, et à s'attirer, par un autre bout, la désaffection générale.

Ainsi, dans le public deux espérances, dans le gouvernement deux promesses : *beaucoup de bienfaits et pas d'impôts*. Espérances et promesses qui, étant contradictoires, ne se réalisent jamais.

N'est-ce pas là la cause de toutes nos révolutions? Car entre l'État qui prodigue les promesses impossibles, et le public qui a conçu des espérances irréalisables, viennent s'interposer deux classes d'hommes : les ambitieux et les utopistes. Leur rôle est tout tracé par la situation. Il suffit à ces courtisans de popularité de crier aux oreilles du peuple : « Le pouvoir te trompe ; si nous étions à sa place, nous te comblerions de bienfaits et t'affranchirions de taxes. »

Et le peuple croit, et le peuple espère, et le peuple fait une révolution.

Ses amis ne sont pas plutôt aux affaires, qu'ils sont sommés de s'exécuter. « Donnez-moi donc du travail, du pain, des secours, du crédit, de l'instruction, des colonies, dit le peuple, et cependant, selon vos promesses, délivrez-moi des serres du fisc. »

L'*État* noveau n'est pas moins embarrassé que l'État ancien, car, en fait d'impossible, on peut bien promettre, mais non tenir. Il cherche à gagner du temps, il lui en faut pour mûrir ses vastes projets. D'abord il fait quelques timides essais : d'un côté, il étend quelque peu l'instruction primaire ; de l'autre, il modifie quelque peu l'impôt des boissons (1830). Mais la contradiction se dresse toujours devant lui : s'il veut être philanthrope, il est forcé de rester fiscal, et s'il renonce à la fiscalité, il faut qu'il renonce aussi à la philanthropie.

Ces deux promesses s'empêchent toujours et nécessairement l'une l'autre. User du crédit, c'est-à-dire dévorer l'avenir, est bien un moyen actuel de les concilier ; on essaye de faire un peu de bien dans le présent aux dépens de beaucoup de mal dans l'avenir. Mais ce procédé évoque le spectre de la banqueroute qui chasse le crédit. Que faire donc? Alors l'État nouveau prend son parti en brave ; il réunit des forces pour se maintenir, il étouffe l'opinion, il a recours à l'arbitraire, il ridiculise ses anciennes maximes, il déclare qu'on ne peut administrer qu'à la condition d'être impopulaire ; bref, il se proclame *gouvernemental*.

Et c'est là que d'autres courtisans de popularité l'attendent. Ils exploitent la même illusion, passent par là même voie, obtiennent le même succés, et vont bientôt s'engloutir dans le même gouffre.

C'est ainsi que nous sommes arrivés en Février. A cette époque, l'illusion qui fait le sujet de cet article avait pénétré plus avant que jamais dans les idées du peuple, avec les doctrines socialistes. Plus que jamais, il s'attendait à ce que l'*État*, sous la forme républicaine, ouvrirait toute grande la source des bienfaits et fermerait celle de l'impôt. « On m'a souvent trompé, disait le peuple, mais je veillerai moi-même à ce qu'on ne me trompe pas encore une fois. »

Que pouvait faire le gouvernement provisoire? Hélas! ce qu'on fait toujours en pareille conjoncture : promettre, et gagner du temps. Il n'y manqua pas, et pour donner à ses promesses plus de solennité il les fixa dans des décrets. « Augmentation de bien-être, diminution de travail, secours, crédit, instruction gratuite, colonies agricoles, défrichements, et en même temps réduction sur la taxe du sel, des boissons, des lettres, de la viande, tout sera accordé... vienne l'Assemblée nationale. »

L'Assemblée nationale est venue, et comme on ne peut réaliser deux contradictions, sa tâche, sa triste tâche s'est bornée à retirer, le plus doucement possible, l'un après l'autre, tous les décrets du gouvernement provisoire.

Cependant, pour ne pas rendre la déception trop

cruelle, il a bien fallu transiger quelque peu. Certains engagements ont été maintenus, d'autres ont reçu un tout petit commencement d'exécution. Aussi l'administration actuelle s'efforce-t-elle d'imaginer de nouvelles taxes.

Maintenant je me transporte par la pensée à quelques mois dans l'avenir, et je me demande, la tristesse dans l'âme, ce qu'il adviendra quand des agents de nouvelle création iront dans nos campagnes prélever les nouveaux impôts sur les successions, sur les revenus, sur les profits de l'exploitation agricole. Que le Ciel démente mes pressentiments, mais je vois encore là un rôle à jouer pour les courtisans de popularité.

Lisez le dernier Manifeste des Montagnards, celui qu'ils ont émis à propos de l'élection présidentielle. Il est un peu long, mais, après tout, il se résume en deux mots : *L'État doit beaucoup donner aux citoyens et peu leur prendre.* C'est toujours la même tactique, ou, si l'on veut, la même erreur.

« L'État doit gratuitement l'instruction et l'éducation à tous les citoyens. »

Il doit :

« Un enseignement général et professionnel approprié, autant que possible, aux besoins, aux vocations et aux capacités de chaque citoyen. »

Il doit :

« Lui apprendre ses devoirs envers Dieu, envers

les hommes et envers lui-même ; développer ses sen-
timents, ses aptitudes et ses facultés, lui donner enfin la science de son travail, l'intelligence de ses intérêts et la connaissance de ses droits. »

Il doit :

« Mettre à la portée de tous, les lettres et les arts,
le patrimoine de la pensée, les trésors de l'esprit,
toutes les jouissances intellectuelles qui élèvent et
fortifient l'âme. »

Il doit :

« Réparer tout sinistre, incendie, inondation, etc.
(cet *et cœtera* en dit plus qu'il n'est gros) éprouvé
par un citoyen. »

Il doit :

« Intervenir dans les rapports du capital avec le
travail et se faire le régulateur du crédit. »

Il doit :

« A l'agriculture des encouragements sérieux et
une protection efficace. »

Il doit :

« Racheter les chemins de fer, les canaux, les mines », et sans doute aussi les administrer avec cette
capacité industrielle qui le caractérise.

Il doit :

« Provoquer les tentatives généreuses, les encou-
rager et les aider par toutes les ressources capables
de les faire triompher. Régulateur du crédit, il com-

manditera largement les associations industrielles et agricoles, afin d'en assurer le succès. »

L'État doit tout cela, sans préjudice des services auxquels il fait face aujourd'hui ; et, par exemple, il faudra qu'il soit toujours à l'égard des étrangers dans une attitude menaçante ; car, disent les signataires du programme : « Liés par cette solidarité sainte et par les précédents de la France républicaine, nous portons nos vœux et nos espérances au delà des barrières que le despotisme élève entre les nations : le droit que nous voulons pour nous, nous le voulons pour tous ceux qu'opprime le joug des tyrannies ; nous voulons que notre glorieuse armée soit encore, s'il le faut, l'armée de la liberté. »

Vous voyez que la main douce de l'État, cette bonne main qui donne et qui répand, sera fort occupée sous le gouvernement des Montagnards. Vous croyez peut-être qu'il en sera de même de la main rude, de cette main qui pénètre et puise dans nos poches?

Détrompez-vous. Les courtisans de popularité ne sauraient pas leur métier s'ils n'avaient l'art, en montrant la main douce, de cacher la main rude.

Leur règne sera assurément le jubilé du contribuable.

« C'est le superflu, disent-ils, non le nécessaire que l'impôt doit atteindre. »

Ne sera-ce pas un bon temps que celui où, pour

nous accabler de bienfaits, le fisc se contentera d'écorner notre superflu ?

Ce n'est pas tout. Les Montagnards aspirent à ce que « l'impôt perde son caractère oppressif et ne soit plus qu'un acte de fraternité. »

Bonté du ciel ! je savais bien qu'il est de mode de fourrer la fraternité partout, mais je ne me doutais pas qu'on la pût mettre dans le bulletin du percepteur.

Arrivant aux détails, les signataires du programme disent :

« Nous voulons l'abolition immédiate des impôts qui frappent les objets de première nécessité, comme le sel, les boissons, *et cœtera.* :

« La réforme de l'impôt foncier, des octrois, des patentes.

« La justice gratuite, c'est-à-dire la simplification des formes et la réduction des frais. » (Ceci a sans doute trait au timbre.)

Ainsi, impôt foncier, octrois, patentes, timbre, sel, boissons, postes, tout y passe. Ces messieurs ont trouvé le secret de donner une activité brûlante à la *main douce* de l'État tout en paralysant sa *main rude.*

Eh bien, je le demande au lecteur impartial, n'est-ce pas là de l'enfantillage, et de plus de l'enfantillage dangereux ? Comment le peuple ne ferait-il pas révolution sur révolution, s'il est une fois décidé à ne s'arrêter que lorsqu'il aura réalisé cette contradiction : « Ne rien donner à l'État et en recevoir beaucoup ! »

Croit-on que si les Montagnards arrivaient au pouvoir, ils ne seraient pas les victimes des moyens qu'ils emploient pour le saisir?

Citoyens, de tous les temps deux systèmes politiques ont été en présence, et tous les deux peuvent se soutenir par de bonnes raisons. Selon l'un, l'État doit beaucoup faire, mais aussi il doit beaucoup prendre. D'après l'autre, sa double action doit se faire peu sentir. Entre ces deux systèmes il faut opter. Mais quant au troisième système, participant des deux autres, et qui consiste à tout exiger de l'État sans lui rien donner, il est chimérique, absurde, puéril, contradictoire, dangereux. Ceux qui le mettent en avant, pour se donner le plaisir d'accuser tous les gouvernements d'impuissance et les exposer ainsi à vos coups, ceux-là vous flattent et vous trompent, ou du moins ils se trompent eux-mêmes.

Quant à nous, nous pensons que l'État, ce n'est ou ce ne devrait être autre chose que la *force commune* instituée, non pour être entre tous les citoyens un instrument d'oppression et de spoliation réciproque, mais, au contraire, pour garantir à chacun le sien, et faire régner la justice et la sécurité.

MAUDIT ARGENT.

— Maudit argent! maudit argent! s'écriait d'un air désolé F* l'économiste, au sortir du Comité des finances où l'on venait de discuter un projet de papier-monnaie.

— Qu'avez-vous? lui dis-je. D'où vient ce dégoût subit pour la plus encensée des divinités de ce monde?

— Maudit argent! maudit argent!

— Vous m'alarmez. Il n'est rien qu'une fois ou autre je n'aie entendu blasphémer, la paix, la liberté, la vie, et Brutus a été jusqu'à dire : Vertu! tu n'es qu'un nom! Mais si quelque chose a échappé jusqu'ici...

— Maudit argent! maudit argent!

— Allons, un peu de philosophie. Que vous est-il arrivé? Crésus vient-il de vous éclabousser? Mondor vous a-t-il ravi l'amour de votre mie? ou bien Zoïle a-t-il acheté contre vous une diatribe au gazetier?

— Je n'envie pas le char de Crésus ; ma renom-mée, par son néant, échappe à la langue de Zoïle ; et quant à ma mie, jamais, jamais l'ombre même de la tache la plus légère...

— Ah ! j'y suis. Où avais-je la tête ? Vous êtes, vous aussi, inventeur d'une réorganisation sociale, *système* F*. Votre société, vous la voulez plus par-faite que celle de Sparte, et pour cela toute monnaie doit en être sévérement bannie. Ce qui vous embar-rasse, c'est de décider vos adeptes à vider leur es-carcelle. Que voulez-vous ? c'est l'écueil de tous les réorganisateurs. Il n'en est pas un qui ne fît mer-veille s'il parvenait à vaincre toutes les résistances, et si l'humanité tout entière consentait à devenir entre ses doigts cire molle ; mais elle s'entête à n'être pas cire molle. Elle écoute, applaudit ou dédaigne, et..... va comme devant.

— Grâce au Ciel, je résiste encore à cette manie du jour. Au lieu d'inventer des lois sociales, j'étudie celles qu'il a plu à Dieu d'inventer, ayant d'ailleurs le bonheur de les trouver admirables dans leur dé-veloppement progressif. Et c'est pour cela que je répète : Maudit argent ! maudit argent !

— Vous êtes donc proudhonien ou proudhoniste ? Eh, morbleu ! vous avez un moyen simple de vous satisfaire. Jetez votre bourse dans la Seine, ne vous réservant que cent sous pour prendre une action de la Banque d'échange.

— Puisque je maudis l'argent, jugez si j'en dois maudire le signe trompeur !

— Alors, il ne me reste plus qu'une hypothèse. Vous êtes un nouveau Diogène, et vous allez m'affadir d'une tirade à la Sénèque, sur le mépris des richesses.

— Le Ciel m'en préserve ! Car la richesse, voyez-vous, ce n'est pas un peu plus ou un peu moins d'argent. C'est du pain pour ceux qui ont faim, des vêtements pour ceux qui sont nus, du bois qui réchauffe, de l'huile qui allonge le jour, une carrière ouverte à votre fils, une dot assurée à votre fille, un jour de repos pour la fatigue, un cordial pour la défaillance, un secours glissé dans la main du pauvre honteux, un toit contre l'orage, des ailes aux amis qui se rapprochent, une diversion pour la tête que la pensée fait plier, l'incomparable joie de rendre heureux ceux qui nous sont chers. La richesse, c'est l'instruction, l'indépendance, la dignité, la confiance la charité, tout ce que le développement de nos facultés peut livrer aux besoins du corps et de l'esprit, c'est le progrès, c'est la civilisation. La richesse, c'est l'admirable résultat civilisateur de deux admirables agents, plus civilisateurs encore qu'elle-même : le travail et l'échange.

— Bon ! n'allez-vous pas maintenant entonner un dithyrambe à la richesse, quand, il n'y a qu'un instant, vous accabliez l'or de vos imprécations ?

— Eh ! ne comprenez-vous pas que c'était tout simplement une boutade d'économiste ! Je maudis l'argent précisément parce qu'on le confond, comme vous venez de faire, avec la richesse, et que de cette confusion sortent des erreurs et des calamités sans nombre. Je le maudis, parce que sa fonction dans la société est mal comprise et très-difficile à faire comprendre. Je le maudis, parce qu'il brouille toutes les idées, fait prendre le moyen pour le but, l'obstacle pour la cause, alpha pour ômega ; parce que sa présence dans le monde, bienfaisante par elle-même, y a cependant introduit une notion funeste, une pétition de principes, une théorie à rebours, qui, dans ses formes multiples, a appauvri les hommes et ensanglanté la terre. Je le maudis, parce que je me sens incapable de lutter contre l'erreur à laquelle il a donné naissance autrement que par une longue et fastidieuse dissertation que personne n'écoutera. Ah ! si je tenais au moins sous ma main un auditeur patient et bénévole !

— Morbleu ! il ne sera pas dit que faute d'une victime vous resterez dans l'état d'irritation où je vous vois. J'écoute ; parlez, dissertez, ne vous gênez en aucune façon.

— Vous me promettez de prendre intérêt...

— Je vous promets de prendre patience.

— C'est bien peu.

— C'est tout ce dont je puis disposer. Commencez, et expliquez-moi d'abord comment une méprise sur le numéraire, si méprise il y a, se trouve au fond de toutes les erreurs économiques.

— Là, franchement, la main sur la conscience, ne vous est-il jamais arrivé de confondre la richesse avec l'argent?

— Je ne sais; je ne me suis jamais morfondu sur l'économie politique. Mais, après tout, qu'en résulte rait-il?

— Pas grand'chose. Une erreur dans votre cervelle sans influence sur vos actes, car, voyez-vous, en matière de travail et d'échanges, quoiqu'il y ait autant d'opinions que de têtes, nous agissons tous de la même manière.

— A peu près comme nous marchons d'après les mêmes principes, encore que nous ne soyons pas d'accord sur la théorie de l'équilibre et de la gravitation.

— Justement. Quelqu'un qui serait conduit par ses inductions à croire que, pendant la nuit, nous avons la tête en bas et les pieds en haut, pourrait faire là-dessus de beaux livres, mais il se tiendrait comme tout le monde.

— Je le crois bien. Sinon, il serait vite puni d'être trop bon logicien.

— De même, cet homme mourrait bientôt de faim qui, s'étant persuadé que l'argent est la richesse réelle, serait conséquent jusqu'au bout. Voilà pourquoi cette théorie est fausse, car il n'y a de théorie vraie que celle qui résulte des faits mêmes, tels qu'ils se manifestent en tous temps ou en tous lieux.

— Je comprends que, dans la pratique et sous l'influence de l'intérêt personnel, la conséquence funeste de l'acte erroné tend incessamment à redresser l'erreur. Mais si celle dont vous parlez a si peu d'influence, pourquoi vous donne-t-elle tant d'humeur?

— C'est que, quand un homme, au lieu d'agir pour lui-même, décide pour autrui, l'intérêt personnel, cette sentinelle si vigilante et si sensible, n'est plus là pour crier : Aïe ! La responsabilité est déplacée. C'est Pierre qui se trompe, et c'est Jean qui souffre; le faux système du législateur devient forcément la règle d'action de populations entières. Et voyez la différence. Quand vous avez de l'argent et grand' faim, quelle que soit votre théorie du numéraire, que faites-vous?

— J'entre chez un boulanger et j'achète du pain.

— Vous n'hésitez pas à vous défaire de votre argent?

— Je ne l'ai que pour cela.

— Et si, à son tour, ce boulanger a soif, que fait-il?

— Il va chez le marchand de vin et boit un canon avec l'argent que je lui ai donné.

— Quoi ! il ne craint pas de se ruiner?

— La véritable ruine serait de ne manger ni boire.

— Et tous les hommes qui sont sur la terre, s'ils sont libres, agissent de même?

— Sans aucun doute. Voulez-vous qu'ils meurent de faim pour entasser des sous?

— Loin de là, je trouve qu'ils agissent sagement, et je voudrais que la théorie ne fût autre chose que la fidèle image de cette universelle pratique. Mais supposons maintenant que vous êtes le législateur, le roi absolu d'un vaste empire où il n'y a pas de mines d'or.

— La fiction me plaît assez.

— Supposons encore que vous êtes parfaitement convaincu de ceci : La richesse consiste uniquement et exclusivement dans le numéraire; qu'en concluriez-vous?

— J'en conclurais qu'il n'y a pas d'autre moyen pour moi d'enrichir mon peuple, ou pour lui de s'enrichir lui-même, que de soutirer le numéraire des autres peuples.

— C'est-à-dire de les appauvrir. La première conséquence à laquelle vous arriveriez serait donc celle-ci : Une nation ne peut gagner que ce qu'une autre perd.

— Cet axiome a pour lui l'autorité de Bacon et de Montaigne.

— Il n'en est pas moins triste, car enfin il revient à dire : Le progrès est impossible. Deux peuples,

pas plus que deux hommes, ne peuvent prospérer
côte à côte.

— Il semble bien que cela résulte du principe.

— Et comme tous les hommes aspirent à s'enrichir, il faut dire que tous aspirent, en vertu d'une
loi providentielle, à ruiner leurs semblables.

— Ce n'est pas du christianisme, mais c'est de
l'économie politique.

— Détestable. Mais poursuivons. Je vous ai fait
roi absolu. Ce n'est pas pour raisonner, mais pour
agir. Rien ne limite ne votre puissance. Qu'allez-
vous faire en vertu de cette doctrine : la richesse,
c'est l'argent?

— Mes vues se porteront à accroître sans cesse,
au sein de mon peuple, la masse du numéraire.

— Mais il n'y a pas de mines dans votre royaume.
Comment vous y prendrez-vous? Qu'ordonnerez-
vous?

— Je n'ordonnerai rien; je défendrai. Je défendrai, sous peine de mort, de faire sortir un écu du
pays.

— Et si votre peuple, ayant de l'argent, a faim
aussi?

— N'importe. Dans le système où nous raison-
nons, lui permettre d'exporter des écus, ce serait lui
permettre de s'appauvrir.

— En sorte que, de votre aveu, vous le forceriez
à se conduire sur un principe opposé à celui qui vous

guide vous-même dans des circonstances semblables.
Pourquoi cela ?

— C'est sans doute parce que ma propre faim me
pique, et que la faim des peuples ne pique pas les
législateurs.

— Eh bien, je puis vous dire que votre plan
échouerait, et qu'il n'y a pas de surveillance assez
vigilante pour empêcher, quand le peuple a faim,
les écus de sortir, si le blé a la liberté d'entrer.

— En ce cas, ce plan, erroné ou non, est ineffi-
cace pour le bien comme pour le mal, et nous n'a-
vons plus à nous en occuper.

— Vous oubliez que vous êtes législateur. Est-ce
qu'un législateur se rebute pour si peu, quand il
fait ses expériences sur autrui? Le premier décret
ayant échoué, ne chercheriez-vous pas un autre
moyen d'atteindre votre but?

— Quel but?

— Vous avez la mémoire courte; celui d'accroître,
au sein de votre peuple, la masse du numéraire sup-
posé être la seule et vraie richesse.

— Ah! vous m'y remettez; pardon. Mais c'est que,
voyez-vous, on a dit de la musique : Pas trop n'en
faut; je crois que c'est encore plus vrai de l'économie politique. M'y revoilà. Mais je ne sais vraiment qu'imaginer...

— Cherchez bien. D'abord, je vous ferai remarquer que votre premier décret ne résolvait le pro-

blème que négativement. Empêcher les écus de sortir, c'est bien empêcher la richesse de diminuer, mais ce n'est pas l'accroître.

— Ah! je suis sur la voie... ce blé libre d'entrer... Il me vient une idée lumineuse... Oui, le détour est ingénieux, le moyen infaillible, je touche au but.

— A mon tour, je vous demanderai : quel but?

— Eh! morbleu, d'accroître la masse du numéraire.

— Comment vous y prendrez-vous, s'il vous plaît?

— N'est-il pas vrai que pour que la pile d'argent s'élève toujours, la première condition est qu'on ne l'entame jamais?

— Bien.

— Et la seconde, qu'on y ajoute toujours?

— Très-bien.

— Donc le problème sera résolu, en négatif et positif, comme disent les socialistes, si d'un côté j'empêche l'étranger d'y puiser, et si, de l'autre, je le force à y verser.

— De mieux en mieux.

— Et pour cela deux simples décrets où le numéraire ne sera pas même mentionné. Par l'un, il sera défendu à mes sujets de rien acheter au dehors; par l'autre, il leur sera ordonné d'y beaucoup vendre.

— C'est un plan fort bien conçu.

— Est-il nouveau? Je vais aller me pourvoir d'un brevet d'invention.

— Ne vous donnez pas cette peine; la priorité vous serait contestée. Mais prenez garde à une chose.

— Laquelle?

— Je vous ai fait roi tout-puissant. Je comprends que vous empêcherez vos sujets d'acheter des produits étrangers. Il suffira d'en prohiber l'entrée. Trente ou quarante mille douaniers feront l'affaire.

— C'est un peu cher. Qu'importe? L'argent qu'on leur donne ne sort pas du pays.

— Sans doute; et dans notre système, c'est l'essentiel. Mais pour forcer la vente au dehors, comment procéderez-vous?

— Je l'encouragerai par des primes, au moyen de quelques bons impôts frappés sur mon peuple.

— En ce cas, les exportateurs, contraints par leur propre rivalité, baisseront leurs prix d'autant, et c'est comme si vous faisiez cadeau à l'étranger de ces primes ou de ces impôts.

— Toujours est-il que l'argent ne sortira pas du pays.

— C'est juste. Cela répond à tout; mais si votre système est si avantageux, les rois vos voisins l'adopteront. Ils reproduiront vos décrets; ils auront des douaniers et repousseront vos produits, afin que chez eux non plus la pile d'argent ne diminue pas,

— J'aurai une armée et je forcerai leurs barrières.

— Ils auront une armée et forceront les vôtres.

— J'armerai des navires, je ferai des conquêtes, j'acquerrai des colonies, et créerai à mon peuple des consommateurs qui seront bien obligés de manger notre blé et boire notre vin.

— Les autres rois en feront autant. Ils vous disputeront vos conquêtes, vos colonies et vos consommateurs. Voilà la guerre partout et le monde en feu.

— J'augmenterai mes impôts, mes douaniers, ma marine et mon armée.

— Les autres vous imiteront.

— Je redoublerai d'efforts.

— Ils feront de même. En attendant, rien ne prouve que vous aurez réussi à beaucoup vendre.

— Il n'est que trop vrai. Bienheureux si les efforts commerciaux se neutralisent.

— Ainsi que les efforts militaires. Et dites-moi, ces douaniers, ces soldats, ces vaisseaux, ces contributions écrasantes, cette tension perpétuelle vers un résultat impossible, cet état permanent de guerre ouverte ou secrète avec le monde entier, ne sont-ils pas la conséquence logique, nécessaire de ce que le législateur s'est coiffé de cette idée (qui n'est, vous en êtes convenu, à l'usage d'aucun homme agissant pour lui-même) : « La richesse, c'est le numéraire ; accroître le numéraire, c'est accroître la richesse ? »

— J'en conviens. Ou l'axiome est vrai, et alors le législateur doit agir dans le sens que j'ai dit, bien que ce soit la guerre universelle. Ou il est faux, et, en ce cas, c'est pour se ruiner que les hommes se déchirent.

— Et souvenez-vous qu'avant d'être roi, ce même axiome vous avait conduit par la logique à ces maximes : « Ce que l'un gagne, l'autre le perd. Le profit de l'un est le dommage de l'autre »; lesquelles impliquent un antagonisme irrémédiable entre tous les hommes.

— Il n'est que trop certain. Philosophe ou législateur, soit que je raisonne ou que j'agisse, partant de ce principe : l'argent, c'est la richesse, j'arrive toujours à cette conclusion ou à ce résultat : la guerre universelle. Avant de le discuter, vous avez bien fait de m'en signaler les conséquences ; sans cela, je n'aurais jamais eu le courage de vous suivre jusqu'au bout dans votre dissertation économique, car, à vous parler net, cela n'est pas divertissant.

— A qui le dites-vous ? C'est à quoi je pensais quand vous m'entendiez murmurer : Maudit argent ! Je gémissais de ce que mes compatriotes n'ont pas le courage d'étudier ce qu'il leur importe tant de savoir.

— Et pourtant, les conséquences sont effrayantes.

— Les conséquences ! Je ne vous en ai signalé

qu'une. J'aurais pu vous en montrer de plus funestes
encore.

— Vous me faites dresser les cheveux sur la tête !
Quels autres maux a pu infliger à l'humanité cette
confusion entre l'Argent et la Richesse ?

— Il me faudrait longtemps pour les énumérer.
C'est une doctrine qui a une nombreuse lignée. Son
fils aîné, nous venons de faire sa connaissance, s'appelle *régime prohibitif*; le cadet, *système colonial*;
le troisième, *haine au capital*; le Benjamin, *papier-
monnaie*.

— Quoi ! le papier-monnaie procède de la même
erreur ?

— Directement. Quand les législateurs, après avoir
ruiné les hommes par la guerre et l'impôt, persé-
vèrent dans leur idée, ils se disent : « Si le peuple
souffre, c'est qu'il n'a pas assez d'argent. Il en faut
faire. » Et comme il n'est pas aisé de multiplier les
métaux précieux, surtout quand on a épuisé les
prétendues ressources de la prohibition, « nous fe-
rons du numéraire fictif, ajoutent-ils, rien n'est plus
aisé, et chaque citoyen en aura plein son porte-
feuille ! ils seront tous riches. »

— En effet, ce procédé est plus expéditif que
l'autre, et puis il n'aboutit pas à la guerre étran-
gère.

— Non, mais à la guerre civile.

— Vous êtes bien pessimiste. Hâtez-vous donc

de traiter la question au fond. Je suis tout surpris de désirer, pour la première fois, savoir si l'argent (ou son signe) est la richesse.

— Vous m'accorderez bien que les hommes ne satisfont immédiatement aucun de leurs besoins avec des écus. S'ils ont faim, c'est du pain qu'il leur faut; s'ils sont nus, des vêtements; s'ils sont malades, des remèdes; s'ils ont froid, un abri, du combustible; s'ils aspirent à apprendre, des livres; s'ils désirent se déplacer, des véhicules, et ainsi de suite. La richesse d'un pays se reconnaît à l'abondance et à la bonne distribution de toutes ces choses.

Par où vous devez reconnaître avec bonheur combien est fausse cette triste maxime de Bacon : *Ce qu'un peuple gagne l'autre le perd nécessairement*; maxime exprimée d'une manière plus désolante encore par Montaigne, en ces termes : *Le profit de l'un est le dommage de l'autre*. Lorsque Sem, Cham et Japhet se partagèrent les vastes solitudes de cette terre, assurément chacun d'eux put bâtir, dessécher, semer, récolter, se mieux loger, se mieux nourrir, se mieux vêtir, se mieux instruire, se perfectionner, s'enrichir en un mot, et accroître ses jouissances, sans qu'il en résultât une dépression nécessaire dans les jouissances analogues de ses frères. Il en est de même de deux peuples.

— Sans doute, deux peuples, comme deux hommes, sans relations entre eux, peuvent, en travaillant plus, en travaillant mieux, prospérer côte à côte sans se nuire. Ce n'est pas là ce qui est nié par les axiomes de Montaigne et de Bacon. Ils signifient seulement que, dans le commerce qui se fait entre deux peuples ou deux hommes, si l'un gagne, il faut que l'autre perde. Et cela est évident de soi; l'échange n'ajoutant rien par lui-même à la masse de ces choses utiles dont vous parliez, si après l'échange une des parties se trouve en avoir plus, il faut bien que l'autre partie se trouve en avoir moins.

— Vous vous faites de l'échange une idée bien incomplète, incomplète au point d'en devenir fausse. Si Sem est sur une plaine fertile en blé, Japhet sur un coteau propre à produire du vin, Cham sur de gras pâturages, il se peut que la séparation des occupations, loin de nuire à l'un d'eux, les fasse prospérer tous les trois. Cela doit même arriver, car la distribution du travail, introduite par l'échange, aura pour effet d'accroître la masse du blé, du vin et de la viande à partager. Comment en serait-il autrement, si vous admettez la liberté de ces transactions? Dès l'instant que l'un des trois frères s'apercevrait que le travail, pour ainsi dire sociétaire, le constitue en perte permanente, comparativement au travail solitaire, il renoncerait à échanger. L'échange porte avec lui-même son titre à notre reconnaissance. Il s'accomplit, donc il est bon.

— Mais l'axiome de Bacon est vrai quand il s'agit

d'or et d'argent. Si l'on admet qu'à un moment dé-
terminé il en existe dans le monde une quantité
donnée, il est bien clair qu'une bourse ne se peut
emplir qu'une autre bourse ne se vide.

— Et si l'on professe que l'or est la richesse, la
conclusion est qu'il y a parmi les hommes des dé-
placements de fortune et jamais de progrès général.
C'est justement ce que je disais en commençant.
Que si, au contraire, vous voyez la vraie richesse
dans l'abondance des choses utiles propres à satisfaire nos besoins et nos goûts, vous comprendrez
comme possible la prospérité simultanée. Le numéraire ne sert qu'à faciliter la transmission d'une
main à l'autre de ces choses utiles, ce qui s'accomplit aussi bien avec une once de métal rare, comme
l'or, qu'avec une livre de métal plus abondant,
comme l'argent, ou avec un demi-quintal de métal
plus abondant encore, comme le cuivre. D'après cela,
s'il y avait à la disposition de tous les Français une
fois plus de toutes ces choses utiles, la France serait
le double plus riche, bien que la quantité de numéraire restât la même; mais il n'en serait pas
ainsi s'il y avait le double de numéraire, la masse
des choses utiles n'augmentant pas.

— La question est de savoir si la présence d'un
plus grand nombre d'écus n'a pas précisément pour
effet d'augmenter la masse des choses utiles.

— Quel rapport peut-il y avoir entre ces deux

termes? Les aliments, les vêtements, les maisons, le combustible, tout cela vient de la nature et du travail, d'un travail plus ou moins habile s'exerçant sur une nature plus ou moins libérale.

— Vous oubliez une grande force, qui est l'échange. Si vous avouez que c'est une force, comme vous êtes convenu que les écus le facilitent, vous devez convenir qu'ils ont une puissance indirecte de production.

— Mais j'ai ajouté qu'un peu de métal rare facilite autant de transactions que beaucoup de métal abondant, d'où il suit qu'on n'enrichit pas un peuple en le *forçant* de donner des choses utiles pour avoir plus d'argent.

— Ainsi, selon vous, les trésors qu'on trouve en Californie n'accroîtront pas la richesse du monde?

— Je ne crois pas qu'ils ajoutent beaucoup aux jouissances, aux satisfactions réelles de l'humanité prise dans son ensemble. Si l'or de la Californie ne fait que remplacer dans le monde celui qui se perd et se détruit, cela peut avoir son utilité. S'il en augmente la masse, il la dépréciera. Les chercheurs d'or seront plus riches qu'ils n'eussent été sans cela. Mais ceux entre les mains de qui se trouvera l'or actuel au moment de la dépréciation, se procureront moins de satisfactions à somme égale. Je ne puis voir là un accroissement, mais un déplacement de la vraie richesse, telle que je l'ai définie.

— Tout cela est fort subtil. Mais vous aurez bien de la peine à me faire comprendre que je ne suis pas plus riche, toutes choses égales d'ailleurs, si j'ai deux écus, que si je n'en ai qu'un.

— Aussi n'est-cepas ce que je dis.

— Et ce qui est vrai de moi l'est de mon voisin, et du voisin de mon voisin, et ainsi de suite, de proche en proche, en faisant le tour du pays. Donc, si chaque Français a plus d'écus, la France est plus riche.

— Et voilà votre erreur, l'erreur commune, consistant à conclure *de un à tous* et du particulier au général.

— Quoi ! n'est-ce pas de toutes les conclusions la plus concluante ? Ce qui est vrai de chacun ne l'est-il pas de tous ? Qu'est-ce que *tous*, sinon les *chacuns* nommés en une seule fois ? Autant vaudrait me dire que *chaque* Français pourrait tout à coup grandir d'un pouce, sans que la taille moyenne de tous les Français fût plus élevée.

— Le raisonnement est spécieux, j'en conviens, et voilà justement pourquoi l'illusion qu'il recèle est si commune. Examinons pourtant.

Dix joueurs se réunissaient dans un salon. Pour plus de facilité, ils avaient coutume de prendre chacun dix jetons contre lesquels ils déposaient cent francs sous le chandelier, de manière à ce que chaque jeton correspondît à dix francs. Après la partie on réglait les comptes, et les joueurs retiraient du chandelier autant de fois dix francs qu'ils pouvaient représenter de jetons. Ce que voyant, l'un d'eux, grand arithméticien peut-être, mais pauvre raisonneur, dit : Messieurs, une expérience invariable m'apprend qu'à la fin de la partie je me trouve d'autant plus riche que j'ai plus de jetons. N'avez-vous pas fait la même observation sur vous-mêmes? Ainsi ce qui est vrai de moi est successivement vrai de chacun de vous, et *ce qui est vrai de chacun l'est de tous*. Donc nous serions tous plus riches, en fin de jeu, si, tous, nous avions plus de jetons. Or, rien n'est plus aisé ; il suffit d'en distribuer le double. C'est ce qui fut fait. Mais quand, la partie terminée, on en vint au règlement, on s'aperçut que les mille francs du chandelier ne s'étaient pas miraculeusement multipliés, suivant l'attente générale. Il fallut les partager, comme on dit, *au prorata*, et le seul résultat (bien chimérique!) obtenu, fut celui-ci: chacun avait bien le double de jetons, mais chaque jeton, au lieu de correspondre à *dix* francs, n'en représentait plus que *cinq*. Il fut alors parfaitement constaté que ce qui est vrai de chacun ne l'est pas toujours de tous.

— Je le crois bien : vous supposez un accroissement général de jetons, sans un accroissement correspondant de la mise sous le chandelier.

— Et vous, vous supposez un accroissement général d'écus sans un accroissement correspondant des choses dont ces écus facilitent l'échange.

— Est-ce que vous assimilez les écus à des jetons ?

— Non certes, à d'autres égards ; oui, au point de vue du raisonnement que vous m'opposiez et que j'avais à combattre. Remarquez une chose. Pour qu'il y ait accroissement général d'écus dans un pays, il faut, ou que ce pays ait des mines, ou que son commerce se fasse de telle façon qu'il donne des choses utiles pour recevoir du numéraire. Hors de ces deux hypothèses, un accroissement universel est impossible, les écus ne faisant que changer de mains, et, dans ce cas, encore qu'il soit bien vrai que chacun pris individuellement soit d'autant plus riche qu'il a plus d'écus, on n'en peut pas déduire la généralisation que vous faisiez tout à l'heure, puisqu'un écu de plus dans une bourse implique de toute nécessité un écu de moins dans une autre. C'est comme dans votre comparaison avec la taille moyenne. Si chacun de nous ne grandissait qu'aux dépens d'autrui, il serait bien vrai de chacun pris individuellement qu'il sera plus bel homme, s'il a la bonne chance, mais cela ne sera jamais vrai de tous pris collectivement.

— Soit. Mais dans les deux hypothèses que vous avez signalées, l'accroissement est réel, et vous conviendrez que j'ai raison.

Jusqu'à un certain point.

— L'or et l'argent ont une valeur. Pour en obte-
nir, les hommes consentent à donner des choses
utiles qui ont une valeur aussi. Lors donc qu'il y
a des mines dans un pays, si ce pays en extrait assez
d'or pour acheter au dehors une chose utile, par
exemple, une locomotive, il s'enrichit de toutes les
jouissances que peut procurer une locomotive, exac-
tement comme s'il l'avait faite. La question pour lui
est de savoir s'il dépense plus d'efforts dans le premier
procédé que dans le second. Que s'il n'exportait pas
cet or, il se déprécierait et il arriverait quelque chose
de pis que ce que vous voyez en Californie, car là
du moins on se sert des métaux précieux pour
acheter des choses utiles faites ailleurs. Malgré cela,
on y court risque de mourir de faim sur des mon-
ceaux d'or. Que serait-ce, si la loi en défendait l'ex-
portation ?

Quant à la seconde hypothèse, celle de l'or qui nous
arrive par le commerce, c'est un avantage ou un
inconvénient, selon que le pays en a plus ou moins
besoin, comparativement au besoin qu'il a aussi
des choses utiles dont il faut se défaire pour l'acquérir. C'est aux intéressés à en juger, et non à la
loi; car si la loi part de ce principe, que l'or est
préférable aux choses utiles, n'importe la valeur, et
si elle parvient à agir efficacement dans ce sens,
elle tend à faire de la France une Californie retournée, où il y aura beaucoup de numéraire pour ache-

ter, et rien à acheter. C'est toujours le système dont Midas est le symbole.

— L'or qui entre implique une *chose utile* qui sort, j'en conviens, et. sous ce rapport, il y a une satisfaction soustraite au pays. Mais n'est-elle pas remplacée avec avantage? et de combien de satis- factions nouvelles cet or ne sera-t-il pas la source, en circulant de main en main, en provoquant le travail et l'industrie, jusqu'à ce qu'enfin il sorte à son tour, et implique l'entrée d'une chose utile?

— Vous voilà au cœur de la question. Est-il vrai qu'un écu soit le principe qui fait produire tous les objets dont il facilite l'échange? On convient bien qu'un écu de cinq francs ne *vaut* que cinq francs ; mais on est porté à croire que cette valeur a un ca- ractère particulier; qu'elle ne se détruit pas comme les autres, ou ne se détruit que très à la longue; qu'elle se renouvelle, pour ainsi dire, à chaque transmission ; et qu'en définitive cet écu a valu au- tant de fois cinq francs qu'il a fait accomplir de transactions, qu'il vaut à lui seul autant que toutes les choses contre lesquelles il s'est successivement échangé; et on croit cela, parce qu'on suppose que, sans cet écu, ces choses ne se seraient pas même pro- duites. On dit : Sans lui, le cordonnier aurait vendu une paire de souliers de moins ; par conséquent, il aurait acheté moins de boucherie; le boucher aurait été moins souvent chez l'épicier, l'épicier chez le médecin, le médecin chez l'avocat, et ainsi de suite.

— Cela me paraît incontestable.

— C'est bien le moment d'analyser la vraie fonction du numéraire, abstraction faite des mines et de l'importation.

Vous avez un écu. Que signifie-t-il en vos mains? Il y est comme le témoin et la preuve que vous avez, à une époque quelconque, exécuté un travail, dont au lieu de profiter, vous avez fait jouir la société, en la personne de votre client. Cet écu témoigne que vous avez rendu un *service* à la société, et, de plus, il en constate la valeur. Il témoigne, en outre, que vous n'avez pas encore retiré de la société un service *réel* équivalent, comme c'était votre droit. Pour vous mettre à même de l'exercer, quand et comme il vous plaira, la société, par les mains de votre client, vous a donné une *reconnaissance*, un *titre*, un *bon de la République*, un *jeton*, un *écu* enfin, qui ne diffère des titres fiduciaires qu'en ce qu'il porte sa valeur en lui-même, et si vous savez lire, avec les yeux de l'esprit, les inscriptions dont il est chargé, vous déchiffrerez distinctement ces mots : « *Rendez au porteur, contre le présent, un service équivalent à celui qu'il a rendu à la société, valeur reçue constatée, prouvée et mesurée par celle qui est en moi-même.* »

Maintenant, vous me cédez votre écu. Ou c'est à

titre gratuit, ou c'est à titre onéreux. Si vous me le donnez comme prix d'un service, voici ce qui en résulte : votre compte de satisfactions réelles avec la société se trouve réglé, balancé et fermé. Vous lui aviez rendu un service contre un écu, vous lui restituez maintenant l'écu contre un service ; partant quitte quant à vous. Pour moi je suis justement dans la position où vous étiez tout à l'heure. C'est moi qui maintenant suis en avance envers la société du service que je viens de lui rendre en votre personne. C'est moi qui deviens son créancier de la valeur du travail que je vous ai livré, et que je pouvais me consacrer à moi-même. C'est donc entre mes mains que doit passer le titre de cette créance, le témoin et la preuve de la dette sociale. Vous ne pouvez pas dire que je suis plus riche, car si j'ai à recevoir, c'est parce que j'ai donné. Vous ne pouvez pas dire surtout que la société est plus riche d'un écu, parce qu'un de ses membres a un écu de plus, puisqu'un autre l'a de moins.

Que si vous me cédez cet écu gratuitement, en ce cas, il est certain que j'en serai d'autant plus riche, mais vous en serez d'autant plus pauvre, et la fortune sociale, prise en masse, ne sera pas changée, car cette fortune, je l'ai déjà dit, consiste en services réels, en satisfactions effectives, en choses utiles. Vous étiez créancier de la société, vous m'avez substitué à vos droits, et il importe peu à la société, qui est redevable d'un service, de le rendre à vous ou à moi. Elle s'acquitte en le rendant au porteur du titre.

— Mais si nous avions tous beaucoup d'écus, nous retirerions tous de la société beaucoup de services. Cela ne serait-il pas bien agréable?

— Vous oubliez que dans l'ordre que je viens de décrire, et qui est l'image de la réalité, on ne retire du milieu social des services que parce qu'on y en a versé. Qui dit *service*, dit à la fois service *reçu* et *rendu*, car ces deux termes s'impliquent, en sorte qu'il doit toujours y avoir balance. Vous ne pouvez songer à ce que la société rende plus de services qu'elle n'en reçoit, et c'est pourtant là la chimère qu'on poursuit au moyen de la multiplication des écus, de l'altération des monnaies, du papier-monnaie, etc.

— Tout cela paraît assez raisonnable *en théorie*, mais, dans la pratique, je ne puis me tirer de la tête, quand je vois comment les choses se passent, que si, par un heureux miracle, le nombre des écus venait à se multiplier, de telle sorte que chacun de nous en vît doubler sa petite provision, nous serions tous plus à l'aise; nous ferions tous plus d'achats, et l'industrie en recevrait un puissant encouragement.

— Plus d'achats! Mais acheter quoi? Sans doute

des objets utiles, des choses propres à procurer des satisfactions efficaces, des vivres, des étoffes, des maisons, des livres, des tableaux. Vous devriez donc commencer par prouver que toutes ces choses s'engendrent d'elles-mêmes, par cela seul qu'on fond à l'hôtel des Monnaies des lingots tombés de la lune, ou qu'on met en mouvement à l'Imprimerie nationale la planche aux assignats; car vous ne pouvez raisonnablement penser que si la quantité de blé, de draps, de navires, de chapeaux, de souliers reste la même, la part de chacun puisse être plus grande, parce que nous nous présenterons tous sur le marché avec une plus grande quantité de francs métalliques ou fictifs. Rappelez-vous nos joueurs. Dans l'ordre social, les choses utiles sont ce que les travailleurs eux-mêmes mettent sous le chandelier, et les écus qui circulent de main en main, ce sont les jetons. Si vous multipliez les francs, sans multiplier les choses utiles, il en résultera seulement qu'il faudra plus de francs pour chaque échange, comme il fallut aux joueurs plus de jetons pour chaque mise. Vous en avez la preuve dans ce qui se passe pour l'or, l'argent et le cuivre. Pourquoi le même troc exige-t-il plus de cuivre que d'argent, plus d'argent que d'or? N'est-ce pas parce que ces métaux sont répandus dans le monde en proportions diverses? Quelle raison avez-vous de croire que si l'or devenait tout à coup aussi abondant que l'argent, il ne faudrait pas autant de l'un que de l'autre pour acheter une maison ?

— Vous pouvez avoir raison, mais je désire que vous ayez tort. Au milieu des souffrances qui nous environnent, si cruelles en elles-mêmes, si dangereuses par leurs conséquences, je trouvais quelque consolation à penser qu'il y avait un moyen facile de rendre heureux tous les membres de la société.

— L'or et l'argent fussent-ils la richesse, il n'est déjà pas si facile d'en augmenter la masse dans un pays privé de mines.

— Non, mais il est aisé d'y substituer autre chose. Je suis d'accord avec vous que l'or et l'argent ne rendent guère de services que comme instruments d'échanges. Autant en fait le papier-monnaie, le billet de banque, etc. Si donc nous avions tous beaucoup de cette monnaie-là, si facile à créer, nous pourrions tous beaucoup acheter, nous ne manquerions de rien. Votre cruelle théorie dissipe des espérances, des illusions, si vous voulez, dont le principe est assurément bien philanthropique.

— Oui, comme tous les vœux stériles que l'on peut former pour la félicité universelle. L'extrême facilité du moyen que vous invoquez suffit pour en démontrer l'inanité. Croyez-vous que s'il suffisait d'imprimer des billets de banque pour que nous pussions tous satisfaire nos besoins, nos goûts, nos désirs, l'humanité serait arrivée jusqu'ici sans re-

courir à ce moyen? Je conviens avec vous que la découverte est séduisante. Elle bannirait immédiatement du monde, non-seulement la spoliation sous
ses formes si diverses et si déplorables, mais le travail lui-même, sauf celui de la planche aux assignats. Reste à comprendre comment les assignats
achèteraient des maisons que nul n'aurait bâties,
du blé que nul n'aurait cultivé, des étoffes que nul
n'aurait pris la peine de tisser.

— Une chose me frappe dans votre argumenta-
tion. D'après vous-même, s'il n'y a pas gain, il n'y
a pas perte non plus à multiplier l'instrument de
l'échange, ainsi qu'on le voit par l'exemple de vos
joueurs, qui en furent quittes pour une déception
fort bénigne. Alors pourquoi repousser la pierre
philosophale, qui nous apprendrait enfin le secret
de changer les cailloux en or, et, en attendant, le
papier-monnaie! Êtes-vous si entêté de votre logique, que vous refusiez une expérience sans risques?
Si vous vous trompez, vous privez la nation, au dire
de vos nombreux adversaires, d'un bienfait immense.
Si l'erreur est de leur côté, il ne s'agit pour le peuple, d'après vous-même, que d'une espérance déçue. La mesure, excellente selon eux, est neutre
selon vous. Laissez donc essayer, puisque le pis qui
puisse arriver, ce n'est pas la réalisation d'un mal,
mais la non-réalisation d'un bien.

— D'abord, c'est déjà un grand mal, pour un

peuple, qu'une espérance déçue. C'en est un autre que le gouvernement annonce la remise de plusieurs impôts sur la foi d'une ressource qui doit infailliblement s'évanouir. Néanmoins votre remarque aurait de la force, si, après l'émission du papier-monnaie et sa dépréciation, l'équilibre des valeurs se faisait instantanément, avec une parfaite simultanéité, en toutes choses et sur tous les points du territoire. La mesure aboutirait, ainsi que dans mon salon de jeu, à une mystificatioa universelle, dont le mieux serait de rire en nous regardant les uns les autres. Mais ce n'est pas ainsi que les choses se passent. L'expérience en a été faite, et chaque fois que les despotes ont altéré la monnaie...

— Qui propose d'altérer les monnaies?

— Eh, mon Dieu! forcer les gens à prendre en payement des chiffons de papier qu'on a officiellement baptisés *francs*, ou les forcer de recevoir comme pesant cinq grammes une pièce d'argent qui n'en pèse que deux et demi, mais qu'on a aussi officiellement appelée *franc*, c'est tout un, si ce n'est pis ; et tous les raisonnements qu'on peut faire en faveur des assignats ont été faits en faveur de la fausse monnaie légale. Certes, en se plaçant au point de vue où vous étiez tout à l'heure, et où vous paraissez être encore, lorsqu'on croyait que multiplier l'instrument des échanges c'était multiplier les échanges eux-mêmes, ainsi que les choses échangées,

on devait penser de très-bonne foi que le moyen le
plus simple était de dédoubler les écus et de donner
législativement aux moitiés la dénomination et la
valeur du tout. Eh bien! dans un cas comme dans
l'autre, la dépréciation est infaillible. Je crois vous
en avoir dit la cause. Ce qu'il me reste à vous démontrer, c'est que cette dépréciation, qui, pour le
papier, peut aller jusqu'à zéro, s'opère en faisant
successivement des dupes parmi lesquelles les pau-
vres, les gens simples, les ouvriers, les campagnards
occupent le premier rang.

— J'écoute; mais abrégez. La dose d'Economie
politique est un peu forte pour une fois.

— Soit. Nous sommes donc bien fixés sur ce point,
que la richesse c'est l'ensemble des choses utiles
que nous produisons par le travail, ou mieux encore,
les résultats de tous les efforts que nous faisons pour
la satisfaction de nos besoins et de nos goûts. Ces
choses utiles s'échangent les unes contre les autres,
selon les convenances de ceux à qui elles appartiennent. Il y a deux formes à ces transactions :
l'une s'appelle *troc*; c'est celle où l'on rend un service pour recevoir immédiatement un service équivalent. Sous cette forme, les transactions seraient
extrêmement limitées. Pour qu'elles puissent se
multiplier, s'accomplir à travers le temps et l'espace,
entre personnes inconnues et par fractions infinies,
il a fallu l'intervention d'un agent intermédiaire :

c'est la monnaie. Elle donne lieu à l'échange, qui n'est autre chose qu'un troc complexe. C'est là ce qu'il faut remarquer et comprendre. L'*échange* se décompose en deux *trocs*, en deux facteurs, la *vente* et l'*achat*, dont la réunion est nécessaire pour le constituer. Vous *vendez* un service contre un écu, puis, avec cet écu, vous *achetez* un service. Ce n'est qu'alors que le troc est complet; ce n'est qu'alors que votre effort a été suivi d'une satisfaction réelle. Évidemment vous ne travaillez à satisfaire les besoins d'autrui que pour qu'autrui travaille à satisfaire les vôtres. Tant que vous n'avez en vos mains que l'écu qui vous a été donné contre votre travail, vous êtes seulement en mesure de réclamer le travail d'une autre personne. Et c'est quand vous l'aurez fait, que l'évolution économique sera accomplie quant à vous, puisqu'alors seulement vous aurez obtenu, par une satisfaction réelle, la vraie récompense de votre peine. L'idée de *troc* implique service rendu et service reçu. Pourquoi n'en serait-il pas de même de celle d'échange, qui n'est qu'un troc en partie double?

Et ici, il y a deux remarques à faire : d'abord, c'est une circonstance assez insignifiante qu'il y ait beaucoup ou peu de numéraire dans le monde. S'il y en a beaucoup, il en faut beaucoup, s'il y en a peu, il en faut peu pour chaque transaction; voilà tout. La seconde observation, c'est celle-ci : comme on voit toujours reparaître la monnaie à chaque échange, on a fini par la regarder comme le *signe* et la *mesure* des choses échangées.

— Nierez-vous encore que le numéraire ne soit le *signe* des choses utiles dont vous parlez ?

— Un louis n'est pas plus le signe d'un sac de blé qu'un sac de blé n'est le signe d'un louis.

— Quel mal y a-t-il à ce que l'on considère la monnaie comme le signe de la richesse ?

— Il y a cet inconvénient, qu'on croit qu'il suffit d'augmenter le signe pour augmenter les choses signifiées, et l'on tombe dans toutes les fausses mesures que vous preniez vous-même quand je vous avais fait roi absolu. On va plus loin. De même qu'on voit dans l'argent le signe de la richesse, on voit aussi dans le papier-monnaie le signe de l'argent, et l'on en conclut qu'il y a un moyen très-facile et très-simple de procurer à tout le monde les douceurs de la fortune.

— Mais vous n'irez certes pas jusqu'à contester que la monnaie ne soit la *mesure* des valeurs ?

— Si fait certes, j'irai jusque-là, car c'est là justement que réside l'illusion.

Il est passé dans l'usage de rapporter la valeur de toutes choses à celle du numéraire. On dit : ceci *vaut* 5, 10, 20 fr., comme on dit : ceci *pèse* 5, 10, 20 grammes, ceci *mesure* 5, 10, 20 mètres, cette terre contient 5, 10, 20 ares, etc., et de là on a conclu que la monnaie était la *mesure* des *valeurs*.

— Morbleu, c'est que l'apparence y est.

— Oui, l'apparence, et c'est ce dont je me plains, mais non la réalité. Une mesure de longueur, de capacité, de pesanteur, de superficie est une quantité *convenue* et immuable. Il n'en est pas de même de la valeur de l'or et de l'argent. Elle varie tout aussi bien que celle du blé, du vin, du drap, du travail, et par les mêmes causes, car elle a la même source et subit les mêmes lois. L'or est mis à notre portée absolument comme le fer, par le travail des mineurs, les avances des capitalistes, le concours des marins et des négociants. Il vaut plus ou moins selon qu'il coûte plus ou moins à produire, qu'il y en a plus ou moins sur le marché, qu'il y est plus ou moins recherché ; en un mot, il subit, quant à ses fluctuations, la destinée de toutes les productions humaines. Mais voici quelque chose d'étrange et qui cause beaucoup d'illusions. Quand la valeur du numéraire varie, c'est aux autres produits contre lesquels il s'échange que le langage attribue la variation. Ainsi, je suppose que toutes les circonstances relatives à l'or restent les mêmes, et que la récolte du blé soit emportée. Le blé haussera ; on dira : L'hectolitre de blé qui valait 20 fr. en vaut 30, et on aura raison, car c'est bien la valeur du blé qui a varié, et le langage ici est d'accord avec le fait. Mais faisons la supposition inverse : supposons que toutes les circonstances relatives au blé restent les mêmes, et que la moitié de tout l'or existant dans le monde soit engloutie ;

cette fois, c'est la valeur de l'or qui haussera. Il semble qu'on devrait dire : Ce napoléon qui *valait* 20 fr. en *vaut* 40. Or, savez-vous comment on s'exprime? Comme si c'était l'autre terme de comparaison qui eût baissé, et l'on dit : Le blé qui *valait* 20 fr. n'en *vaut* que dix.

— Cela revient parfaitement au même, quant au résultat.

— Sans doute; mais figurez-vous toutes les perturbations, toutes les duperies qui doivent se produire dans les échanges, quand la valeur de l'intermédiaire varie, sans qu'on en soit averti par un changement de dénomination. On émet des pièces altérées ou des billets qui portent le nom de *vingt francs*, et conserveront ce nom à travers toutes les dépréciations ultérieures. La valeur sera réduite d'un quart, de moitié, qu'ils ne s'en appelleront pas moins des *pièces* ou *billets de vingt francs*. Les gens habiles auront soin de ne livrer leurs produits que contre un nombre de billets plus grand. En d'autres termes, ils demanderont quarante francs de ce qu'ils vendaient autrefois pour vingt. Mais les simples s'y laisseront prendre. Il se passera bien des années avant que l'évolution soit accomplie pour toutes les valeurs. Sous l'influence de l'ignorance et de la *coutume*, la journée du manœuvre de nos campagnes restera longtemps à *un franc*, quand le prix vénal de tous les objets de consommation se sera élevé autour de lui. Il tombera dans une affreuse misère, sans en pouvoir discerner la cause. Enfin, monsieur, puisque vous désirez que je finisse, je vous prie, en terminant, de porter toute votre attention sur ce point essentiel. Une fois la fausse monnaie, quelque forme qu'elle prenne, mise en circulation, il faut que la dépréciation survienne, et se manifeste par la hausse universelle de tout ce qui est susceptible de se vendre. Mais cette hausse n'est pas instantanée et égale pour toutes choses. Les habiles, les brocanteurs, les gens d'affaires s'en tirent assez bien ; car c'est leur métier d'observer les fluctuations des prix, d'en reconnaître la cause, et même de spéculer dessus. Mais les petits marchands, les campagnards, les ouvriers, reçoivent tout le choc. Le riche n'en est pas plus riche, le pauvre en devient plus pauvre. Les expédients de cette espèce ont donc pour effet d'augmenter la distance qui sépare l'opulence de la misère, de paralyser les tendances sociales qui rapprochent incessamment les hommes d'un même niveau, et il faut ensuite des siècles aux classes souffrantes pour regagner le terrain qu'elles ont perdu dans leur marche vers l'*égalité des conditions.*

— Adieu, monsieur ; je vous quitte pour aller méditer sur la dissertation à laquelle vous venez de vous livrer avec tant de complaisance.

— Êtes-vous déjà à bout de la vôtre? C'est à peine si j'ai commencé. Je ne vous ai pas encore parlé de la *haine du capital,* de la *gratuité du crédit*; sentiment funeste, erreur déplorable, qui s'alimentent à la même source !

— Quoi ! ce soulévement effrayant des Prolétaires contre les Capitalistes provient aussi de ce qu'on confond l'Argent avec la Richesse ?

— Il est le fruit de causes diverses. Malheureusement, certains capitalistes se sont arrogé des monopoles, des priviléges, qui suffiraient pour expliquer ce sentiment. Mais, lorsque les théoriciens de la démagogie ont voulu le justifier, le systématiser, lui donner l'apparence d'une opinion raisonnée, et le tourner contre la nature même du capital, ils ont eu recours à cette fausse économie politique au fond de laquelle se retrouve toujours la même confusion. Ils ont dit au peuple : Prends un écu, mets-le sous verre ; oublie-le là pendant un an ; va regarder ensuite, et tu te convaincras qu'il n'a engendré ni dix sous, ni cinq sous, ni aucune fraction de sou. Donc l'argent ne produit pas d'intérêts. » Puis, substituant au mot *argent* son prétendu synonyme, *capital*, ils ont fait subir à leur *ergo* cette modification : « Donc le capital ne produit pas d'intérêts. » Ensuite est venue la série des conséquences : « Donc, celui qui prête un capital n'en doit rien retirer ; donc, celui qui te prête un capital, s'il en retire quelque chose, te vole ; donc, tous les capitalistes sont des voleurs ; donc, les richesses devant servir gratuitement à ceux qui les empruntent appartiennent en réalité à ceux à qui elles n'appartiennent pas ; donc, il n'y a pas de propriétés ; donc, tout est à tous ; donc.....

— Ceci est grave, d'autant plus grave que le syllogisme, je vous l'avoue, me semble admirablement enchaîné. Je voudrais bien éclaircir la question. Mais, hélas ! je ne suis plus maître de mon attention. Je sens dans ma tête un bourdonnement confus des mots *numéraire, argent, services, capital, intérêts* ; c'est au point que, vraiment, je ne m'y reconnais plus. Remettons, s'il vous plait, l'entretien à un autre jour.

— En attendant, voici un petit volume intitulé *Capital et rente*. Il dissipera peut-être quelques-uns de vos doutes. Jetez-y un coup d'œil quand vous vous ennuierez.

— Pour me désennuyer ?

— Qui sait? Un clou chasse l'autre ; un ennui chasse un autre ennui : *similia similibus...*

— Je ne décide pas si vous voyez sous leur vrai jour les fonctions du numéraire et l'économie politique en général. Mais, de votre conversation, il me reste ceci : c'est que ces questions sont de la plus haute importance ; car, la paix ou la guerre, l'ordre ou l'anarchie, l'union ou l'antagonisme des citoyens sont au bout de la solution. Comment se fait-il qu'en France on sache si peu une science qui nous touche tous de si près, et dont la diffusion aurait une influence si décisive sur le sort de l'humanité? Serait-ce que l'État ne la fait pas assez enseigner?

— Pas précisément. Cela tient à ce que, sans le savoir, il s'applique avec un soin infini à saturer tous

les cerveaux de préjugés et tous les cœurs de senti-
ments favorables à l'esprit d'anarchie, de guerre et
de haine. En sorte que, lorsqu'une doctrine d'ordre,
de paix et d'union se présente, elle a beau avoir
pour elle la clarté et la vérité, elle trouve la place
prise.

— Décidément, vous êtes un affreux pessimiste.
Quel intérêt l'État peut-il avoir à fausser les intelligences au profit des révolutions, des guerres civiles
et étrangères? Il y a certainement de l'exagération
dans ce que vous dites.

— Jugez-en. A l'époque où nos facultés intellectuelles commencent à se développer, à l'âge où les
impressions sont si vives, où les habitudes de l'esprit se contractent avec une si grande facilité;
quand nous pourrions jeter un regard sur notre société et la comprendre, en un mot, quand nous ar-
rivons à sept ou huit ans, que fait l'État? Il nous
met un bandeau sur les yeux, nous fait sortir tout
doucement du milieu social qui nous environne,
pour nous plonger avec notre esprit si prompt, notre cœur si impressionnable, dans le sein de la société romaine. Il nous retient, là, une dizaine d'années, tout le temps nécessaire pour donner à notre
cerveau une empreinte ineffaçable. Or, remarquez
que la société romaine est directement l'opposé de
ce qu'est ou devrait être notre société. Là, on vi-
vait de guerre; ici, nous devrions haïr la guerre.
Là, on haïssait le travail; ici, nous devons vivre du

travail. Là, on fondait les moyens de subsistance sur l'esclavage et la rapine ; ici, sur l'industrie libre. La société romaine s'était organisée en conséquence de son principe. Elle devait admirer ce qui la faisait prospérer. On y devait appeler vertus, ce qu'ici nous appelons vices. Ses poëtes, ses historiens devaient exalter ce qu'ici nous devons mépriser. Les mots même : *liberté, ordre, justice, peuple, honneur, influence*, etc., ne pouvaient avoir la même signification à Rome qu'ils ont, ou devraient avoir à Paris. Comment voulez-vous que toute cette jeunesse, qui sort des écoles universitaires ou monacales, qui a eu pour catéchisme Tite-Live et Quinte-Curce, ne comprenne pas la liberté comme les Gracques, la vertu comme Caton, le patriotisme comme César? Comment voulez-vous qu'elle ne soit pas factieuse et guerrière? Comment voulez-vous surtout qu'elle prenne le moindre intérêt au mécanisme de notre ordre social? Croyez-vous que son esprit est bien préparé à le comprendre? Ne voyez-vous pas qu'elle devrait, pour cela, se défaire de ses impressions pour en recevoir de tout opposées!

— Que concluez-vous de là?

— Le voici : le plus pressé, ce n'est pas que l'État enseigne, mais qu'il laisse enseigner. Tous les monopoles sont détestables, mais le pire de tous, c'est le monopole de l'enseignement.

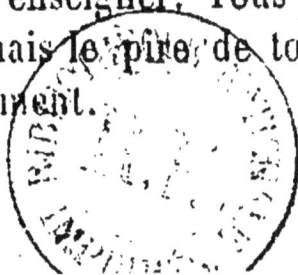

FIN.

www.ingramcontent.com/pod-product-compliance
Lightning Source LLC
Chambersburg PA
CBHW070938280326
41934CB00009B/1926